¿ENOJARSE?
¡NUNCA MÁS!

JAMES FONTAINE

¿Enojarse? ¡Nunca más!

WWW.NEVERMADAGAIN.COM
TWITTER @NEVERMADAGAIN

Primera Edición en Español: Agosto 2011

DERECHOS RESERVADOS:
GRUPO EDITORIAL DHARMA, S.A. de C.V.
Humanidades No.115-203
Col. Universitaria, C.P. 78290
San Luis Potosí, S.L.P.
México.

Formación y Maquetado Interior:
Miguel Ángel López Rivera

Obra inscrita en el Registro Público del Derecho de Autor
de la Secretaría de Educación Pública con el número de registro certificado:
03-2010-030811104700-01

ISBN. 978-607-9184-01-8

*A mi esposa, quien siempre me ha alentado a leer
y asistir a seminarios para mi superación personal;
sin ella, este libro no hubiera sido posible.*

*A mis hijos, quienes han sido con su inocencia
mis mejores maestros de la sabiduría de Dios
y de vivir en el presente.*

He vivido equivocado todo el tiempo,
todas las flores son perfectas.

Ken Watanabe, El último samurái

PRÓLOGO

¿Enojarse es malo o bueno? Y si no es ninguna, ¿para qué escribir un libro que promete dejar de enojarse? En general las emociones no pueden ser catalogadas como buenas o malas, son eso: emociones. Son las reacciones del cuerpo a un estímulo externo y con su sabiduría manda los mililitros exactos de sangre con cada latido del corazón; la misma sabiduría que distingue las proteínas de los carbohidratos o de las grasas y que distribuye cada uno a los órganos que los necesitan.

No. No existen emociones buenas o malas: existen emociones que nos hacen sentir bien o que nos hacen sentir mal y que de igual manera terminan por detonar en el interior de cada ser de formas diversas.

Cuando algo nos hace sentir felices nos sentimos bien, pero cuando alguien nos molesta o nos hace enojar, nos sentimos mal. Muchas veces los terapeutas recomiendan no reprimir las emociones; de lo contrario, pueden transformarse en enfermedades, y explotar en el momento que ya no puedan reprimirse más, causando graves consecuencias para el reprimido y su entorno. Yo estoy de acuerdo con que reprimir las emociones puede acumularse en el cuerpo hasta que éste las manifieste de otro modo.

Ahora bien, si no existen emociones buenas o malas, solamente las que nos hacen sentir bien o mal y también sabemos que reprimir las emociones es nocivo para la salud, ¿qué podemos hacer para no sentir las emociones que nos hacen sentir mal, y sin reprimirlas? Los estímulos externos no podemos controlarlos; por ejemplo, un choque automovilístico, la avería de una plancha o el cambio de clima de un momento para otro.

Lo que sí se puede controlar son las emociones y, aunque son diferentes en cada individuo, pues tienen como base la acumulación de experiencias pasadas, un estímulo externo, en el presente, puede detonar, como he dicho, en una experiencia sin control, vacía, llena de angustia... Quién, en su sano juicio, puede pensar con claridad cuando la frustración o el enojo forman parte de su vida.

Aprender a manejar las emociones provocadas por situaciones externas; aprender que ser conscientes de la propia experiencia del pasado, constituye parte de un nuevo aprendizaje, de nosotros mismos para dejar fluir el pasado y vivir el presente.

Vivir sin enojarse, o dicho de otra forma, que este libro sirva a todas aquellas personas que quieren vivir libres de enojo.

Mi deseo yace en mostrar un camino sencillo para que las emociones sean las indicadas en cada momento de la vida y, en particular, para elegir un camino hacia la sabiduría y dejar de culpar a los demás por todo aquello que no ha sido posible cambiar. Mi deseo es que adquieras la sabiduría necesaria para vivir en paz y feliz la mayor parte del tiempo.

Deseo que puedas vivir, a partir de este momento, libre de enojos.

INTRODUCCIÓN

*La única razón en el mundo por la que te enojas
es porque hay alguien que piensa diferente que tú*

Así de simple, así de sencillo. Esta es la única razón por la que te enojas. Si lo comprendes de verdad, tu vida entera cambiará por completo. De hecho si decides dejar de leer este libro porque ya has comprendido este mensaje, abandona la lectura; si ya entendiste el mensaje y solo necesitas ponerlo en práctica, cierra el libro. Ciérralo. Olvídate del libro y mantén la creencia de que pronto dejarás de enojarte.

Ahora, es muy probable que pienses: *No puede ser cierto… Es demasiado sencillo… Yo puedo dar cien razones diferentes por las cuales me enojo…Nadie sabe cómo es mi vida… Si viviera en mi casa encontraría miles de razones para enojarse… No creo…Imposible…*

Créeme: yo fui el primero que pensó todo esto cuando retumbaba en mi cabeza la frase. Era poderosa. Escuchaba la radio en mi coche cuando esa frase caía como lluvia fresca en mi cabeza, como una señal divina:

La única razón en el mundo por la que te enojas es porque hay alguien que piensa diferente que tú

Debo decir que me llamó la atención, parece ser muy sencilla para ser cierta, seguí oyendo el radio, pero realmente no lo pude escuchar más; en mi cabeza estaban pasando motivos por los que me podía enojar, tratando de probar que no podía ser una verdad tan sencilla, así que mi mente empezó a bombardearme con todos los motivos por los que me podía enojar que no fueran solo porque alguien pensaba diferente. Todas las razones me llevaban siempre al mismo lugar y era clarísimo: alguien no pensaba en ese momento como yo estaba pensando y eso me hacía enojar. Nada podía ser tan simple como eso y tan complejo al mismo tiempo.

Calles más adelante, después de una búsqueda sin resultados, me di cuenta de que no había escuchado la música del radio; es más, ni siquiera recuerdo la hora. Todo sucedía tan rápido… Si fuera tan sencillo, pensaba, cualquiera podría conocer de fondo la causa por la que se siente enojado, lleno de rabia o ira.

Ninguna de las sensaciones que uno experimenta cuando está enojado es placentera: la boca se reseca, la tensión en el cuello, los ojos desorbitados, un calambre...

Al principio puede ser tensión muscular con un resfriado, y sin atención ni prevención alguna; el cuerpo acumula los enojos hasta hacerlos una bola de una enfermedad que ni los médicos podrían reconocer ni paliar al paso del tiempo.

¿Qué hacer para no enojarte? o ¿Debes seguir enojándote y enfermarte todo el tiempo sin encontrar la cura adecuada? Si descubres la causa del enojo, entonces verás cada situación con otro punto de vista, de manera que irás disminuyendo las veces que te enojas y te reprimes; podrás ver con diferentes ojos las situaciones que te hacían enojar, por ello, considero que mi libro será de gran ayuda para conseguirlo.

Cuando el enojo toma el control

La manera más sencilla de entender esto es con ejemplos; pero no te limites a los que aquí digo, realiza tu propia lista y escribe todos los motivos por los que te enojas regularmente, los más simples, los más cotidianos; además, cada vez que te vuelvas a enojar por esos motivos, analiza la situación y escríbela en tu lista. Conforme vayas llenando la lista te darás cuenta de que se te acaban las opciones, todos llevan al mismo lugar; recuerda que alguien no estaba pensando como tú, dicho de otra manera, alguien no estaba pensando como tú querías que pensara, es decir, a tu manera.

Empecemos con una primera situación:
Vas manejando por la calle y llegas a un cruce donde

tienes la preferencia; el carro que va a cruzar no hace el alto y te gana el paso; alcanzas a frenar, sacas la cabeza por la ventanilla y dices hasta de qué se va a morir el conductor del otro carro.

Realmente te hizo enojar el incidente. Si pudieras hacerlo, golpearías al conductor pensando: *me pudo haber pegado y traigo a mis hijos en el carro, pudo haberles pasado algo grave; estaríamos en el hospital y sin avisarle a nadie.*

Parece ser que estás enojado porque el conductor hizo algo muy mal, infringió la ley y estás enojado por esa acción y eso no lo piensas tú, sino la mayoría de la gente, pues existe un reglamento de tránsito y leyes muy claras al respecto.

Si tú crees que él hizo algo mal; entonces ¿qué debió hacer el conductor del otro carro? Según tu opinión; detenerse en el cruce y cederte el paso, tú tenías preferencia. La preferencia la tiene la avenida y tú estabas allí, no en la desembocadura; el conductor no pensó en lo que tú estabas pensando. Te molestó hasta enojarte lo que se supone que todos saben que debió hacer, o dicho de otra manera, no hizo lo que tú pensaste que debió hacer, porque si hubiera frenado y te hubiera dejado pasar, entonces pensaría como tú, no te hubieras enojado ni estarías pensando que de haber sucedido un accidente, estarías en el hospital con tus hijos.

Otra situación:

Preparas una cena romántica sorpresa para tu pareja el día de san Valentín. Llegas temprano de trabajar y te esmeras en los detalles: preparas su comida favorita con el mejor vino que pudiste comprar; te arreglas, enciendes las velas y esperas su llegada; regularmente a las 7:00, así que trabajas para que todo quede listo media hora antes.

Pasa el tiempo, son 7:15 y no ha llegado, todo sigue bien, *son 15 minutos*, piensas. Las 7:30 y comienzas a preocuparte, *habrá pasado algo*, pero no le quieres hablar para no arruinar la sorpresa. A las 8:30 te decides a hablar, pero no contesta el teléfono; en estos momentos ya estás enojado o enojada: la cena romántica ya no significa nada para ti, ahora solo quieres saber por qué no ha llegado, dónde andaba y porqué no tuvo la delicadeza de llamarte.

Finalmente a las nueve de la noche llega a la casa, entra por la puerta y te encuentra en pijama, viendo la televisión y las velas encendidas. Le echas en cara tu trabajo en la cocina, tu esfuerzo en la relación, la poca importancia que tiene san Valentín y te vas a dormir… y sin cena romántica. Sin más, no le dejas decirte nada. No te importa si tuvo un accidente o fue por los mariachis: Tú ya estás sumamente enojado como para escuchar sus pretextos que nunca faltan.

Analicemos:

Estás enojado porque tu pareja llega tarde a casa el día de san Valentín y tú organizas una cena sorpresa para los dos, y no tuvo consideración de ti. Hizo algo mal: no llegó para la cena romántica.

Este es uno de los casos más sencillos de llegar al fondo de la verdadera razón por la cual te enojaste. Tu pareja no sabía de la cena sorpresa, por lo que no estaba pensando en que tú cocinarías y que querías sorprenderla. Lo que tú piensas que debió de hacer fue llegar temprano para que los dos tuvieran la cena romántica o que, por lo menos, te hubiera llamado para decir que llegaría tarde, siempre y cuando no sonara a pretexto y cenaran tarde y malhumorados por todo. Tú pensaste que por ser día de san Valentín tu pareja debía de llegar temprano y seguir el plan sorpresa que tú habías diseñado para estar juntos.

Él no estaba pensando como tú estabas pensando y eso te hizo enojar. Estabas feliz cuando preparabas la cena porque en ese momento tú creías que iba a llegar temprano. Creíste que pensaba como tú porque es tu pareja, viven juntos… piensan lo mismo. Pero en cuanto pasó el tiempo y no llegaba a la cena sorpresa, pensaste que su relación debía de estar tan mal, que debía estar celebrando en otra parte, o en un gravísimo accidente.

Otro ejemplo:

Tu hijo no ha recogido su cuarto por días; entras y apenas puedes caminar, pues hay ropa sucia en el piso, juguetes y hasta restos de comida. Sales furiosa de la habitación y le gritas. Te enojas y cuando le pides explicaciones de semejante "basurero", él se encoje de hombros, sin saber qué responderte. Te molestas aun más y lo castigas el fin de semana sin videojuegos. Te alejas y te vas a la cocina. Al llegar tu esposo, lo detienes en la puerta, es más, parece que no quieres que entre hasta que escuche lo que ha hecho su hijo.

Estás enojada y le describes el montón de basura, de porquería, de infinita irresponsabilidad que tiene y que estás harta de repetirle lo mismo, al grado que estás segura de que la escuela es responsable de la actitud de *tu* hijo. Más enojada, piensas regalar el videojuego porque a tu hijo parece no importarle tu enojo. Tu esposo, que todavía no ha entrado a casa: te responde que los niños son niños y que él le ayudará a recoger "el tiradero" y que es excesivo regalar el videojuego.

Eso te hace enfurecer más, ahora no estás enojada solo con tu hijo, ahora también con tu esposo que no piensa en el castigo, ni en el basurero, ni te apoya como debería de hacerlo. Lloras, por fin dejas entrar a tu marido y te vas a la cocina. Enojada. Muy enojada.

Analicemos juntos:

Tu hijo no tiene su recámara como tú crees que debería tenerla: con tu orden, bajo tus órdenes, en tu casa. No piensa en el orden que tú piensas, es decir, tener la recámara en orden y limpia como tú piensas que debe tenerla. Te enoja que no piense como tú. Tu marido tampoco piensa como tú. No te importa si tu marido tiene la razón o no; tú estás segura del castigo mientras que él lo considera un exceso y le ayudará a recoger sus cosas. Los dos están en tu contra.

Tu marido debería pensar que el castigo debe seguirse al pie de la letra. Para ti es claro: los hijos crecen sin obedecer cuando los padres no piensan igual. Y te imaginas a tu hijo divorciándose una y otra vez o, peor todavía, sin profesión y sin oficio alguno. Imaginar el futuro también te causa enojo: no sabes cómo pero los castigos deben cumplirse al pie de la letra.

ACEPTAR

QUE QUIERES DEJAR DE ENOJARTE

Al tener este libro en tus manos, has dado el primer paso para aceptar que quieres dejar de enojarte. Como en Alcohólicos Anónimos, uno de los primeros pasos es la aceptación.

Si aceptas que algo está mal o que algo no te gusta, puedes cambiarlo, de lo contrario, jamás podrás hacerlo. Existe gente que trata de convencerse de que dos tragos al día no son alcoholismo, o que diez kilos más no son sobrepeso o que no necesita ejercitar su cuerpo si tiene un trabajo sedentario. En el momento que acepta su condición, entonces la pueden cambiar con profunda convicción de que su vida puede cambiar y dejar el autoengaño para siempre.

Dejar de enojarte es algo que quieres dejar de hacer, es algo que te hace sentir incómodo y lo quieres cambiar. Lo más importante es la aceptación de que ya no quieres hacerlo. Demasiado obvio pero es un paso que pocos se atreven a dar.

En el cerebro existen células neurológicas, llamadas neuronas, necesarias para aprender procesos, recordar situaciones o emociones, así como para manejar todas las tareas y funcionamientos químicos que el cuerpo necesita realizar. Cuando estas neuronas se conectan con otras, forman redes neurológicas, creando una relación de largo plazo que reafirman las acciones de manera automática.

Caminar, hablar o patear la pelota, por ejemplo, son acciones naturales, automáticas; un bebé no piensa antes de dar su primer paso, así como tampoco piensa en su pasado ni en lo que ha aprendido hasta dar el primer paso de su vida, esto es, caminar. Reacciona ante un estímulo y se impulsa, por ejemplo, para caminar hacia un objeto o persona que genera el estímulo. Controla mantenerse de pie.

El hipotálamo, el área del cerebro que podría compararse con la fábrica de productos químicos más sofisticada del mundo, produce unas sustancias químicas para cada emoción; pequeñas cadenas de aminoácidos, que una vez secretadas por el hipotálamo, viajan a través del torrente sanguíneo. Cuando las células del cuerpo se acostumbran a ciertas cadenas de aminoácidos, se vuelven adictas -por así decirlo-, y el cuerpo intenta tener la misma emoción una y otra vez, para obtenerlas.

Dicho de una manera menos biológica y más bien cotidiana, el hipotálamo pide y el cuerpo reacciona al mismo estímulo de igual manera. ¿Qué significa esto? Significa que es muy probable que cada individuo tenga conocimiento de sus emociones, sepa cuál es la manera de reaccionar para conseguir la misma emoción y reaccione una y otra vez de la misma forma.

Olvidar un problema familiar, un abuso o maltrato, no es en realidad lo que busca un alcohólico: busca sentir las mismas emociones y reacciones que tienen las sustancias químicas combinadas con el alcohol.

Entonces, ¿puede alguien ser adicto al enojo? No de manera consciente. La neurolingüística indica que solo se necesitan 21 días para que las neuronas formen conexiones que antes no existían hasta formar un hábito. El hábito de enojarse es tan sutil que no es fácil darse cuenta de ello.

El lenguaje
del enojo

El cerebro no entiende la palabra NO. El cerebro no tiene sentido del humor. El cerebro entiende todo… literalmente.

Sigue al pie de la letra la siguiente indicación para adentrarte más en este capítulo:

NO TE IMAGINES UN ELEFANTE ROSA
BRINDANDO CON UNA JIRAFA CON
MOTAS MORADAS Y LA PIEL VERDE

Te pedí claramente: No te imagines un elefante rosa brindando con una jirafa con motas moradas y la piel verde, pero tu cerebro funciona con imágenes, por lo que te la tienes que imaginar; es imposible que entiendas que no te lo imagines sin verlo, sin imaginarlo.

Esto comprueba que tu cerebro no registra la palabra NO, solamente registra lo que se puede imaginar y el cerebro no tiene una clara imagen de NO. Cuando dices: *No me voy a enojar hoy*, el cerebro no entiende la orden. Por lo que en realidad estás enviando a tu cerebro todo lo contrario, es decir, *Me voy a enojar hoy*.

Si dices a un grupo de amigos: *Soy muy enojón*, el cerebro no entiende tu gran sentido del humor ni que le jugaste una broma, o lo comentaste en una reunión de amigos. Para el cerebro, es una afirmación directa a lo más profundo del mismo; y si la repites, entonces se formarán conexiones de neuronas de largo plazo que llevan a creerlo tan como si fuera realidad.

El cerebro lo entiende todo… literalmente. Todo lo entiende por imágenes. No entiende supuestos, sino que todo lo entiende por imágenes; así que cuando dices: *Soy muy enojón*, el cerebro visualiza la imagen enojándote, como un gorila sin alimento en una isla lejana, o como un auténtico primate enjaulado en un zoológico arrojando baba. El cerebro no interpreta si es un comentario pasajero: para el cerebro es una Realidad.

No es necesario que algo sea cierto para que el cerebro lo crea. Las palabras son más poderosas de lo que imaginas: pueden cambiar la forma en la que el cerebro reacciona ante los eventos externos; pueden hacer que creas algo que no es cierto hasta que llegue un momento en el que no sepas por qué reaccionas de cierta manera. Si tus papás dijeron frente a ti, frente a otras personas: *es que mi hijo es muy enojón. Tiene un carácter explosivo. Heredó el genio de su abuelo*, digamos que no se trata de un futuro muy prometedor.

Esas palabras fijan ese patrón a seguir de manera inconsciente. Y tienen mayor sentido y más significado que lo digan los padres a que lo diga cualquier hijo de vecino. De alguna manera y durante la infancia, se fijan estos modelos como una fotografía, reforzando una actitud en un hábito que se establece en el cerebro para siempre.

En la adolescencia ni siquiera había manera de que pensaras de otra forma. Has reforzado esa imagen diciendo: *soy tan iracundo como mi papá*, o *es que yo cuando me enojo, me enojo* o sin saberlo jamás: *no puedo controlar mis enojos. Me viene de familia.* Y los amigos que te describían así cuando sucedía algo que te enojaba, ellos daban la razón a tu comportamiento. Y así en la vida hasta que tu jefe en el trabajo te hacía enojar al punto que no sabías si te enojabas por ser tu jefe o porque te decía enojón y todos te conocían así en la oficina.

Así que durante años has llegado a la conclusión de que así eres y nada te cambiará… A menos que dejes de pensar que todos tienen que pensar como tú.

CREER
(QUE SÍ)
ES POSIBLE DEJAR DE ENOJARTE

Qué pasaría si reforzaras la idea de trabajar para no enojarte. Tan solo por un tiempo determinado comenzar a creer que puedes dejar de enojarte por todo y por nada. Tu cerebro empezaría nuevas redes de conexiones neurológicas y las anteriores perderían sus conexiones para dar mayor importancia a las nuevas.

Al desaparecer las conexiones en desuso, de ninguna manera significa que olvidarás a tus amigos del bachillerato, a tu abuela cuando eras niño, o el primer beso. Tampoco significa que dejes de sentir tristeza o alegría por ello. Significa que el cerebro activa su sistema de seguridad para poder seguir adelante con esos recuerdos, pero sin que afecten tus emociones en este momento de tu existencia.

Durante toda la vida existen pérdidas afectivas: la muerte de un ser querido, un divorcio después de un matrimonio largo. La pérdida es algo irreparable, sin duda, y el cerebro activa su mecanismo de defensa para no perder detalle de lo ocurrido, para no "enterrar" las emociones del recuerdo como si las estuviera teniendo en este mismo momento; de tal manera que los peores desastres como la guerra y un huracán resultan tan emotivos como si estuvieran sucediendo en este mismo momento. El mecanismo de defensa dice: *no olvides que tu padre murió hace 45 años. No olvides que era tu padre y que lo querías mucho.*

Analiza un poco tu vida. Has tenido pérdidas incluso económicas. No lo olvidas, pero no por ello sufres ni te compadeces porque estás pagando los intereses de tu tarjeta de crédito. No dices: *pobrecito de mí, que sigo gastando y pagando intereses altísimos al banco porque en 1838 mis abuelos nacieron pobres.*

El cerebro entiende todo…literalmente, así que si lo sigues alimentando, seguirás formando conexiones neurológicas o reafirmando las que ya existen. Algunas personas piensan que decirle al cerebro algo que no creen cierto es como si le estuvieran diciendo mentiras; pero, ¿acaso no le has mentido durante tanto tiempo? ¿No le has dicho mentiras que fuiste creyendo, hasta que ya no las consideraste mentiras sino parte de tu personalidad?

Aunque todavía no estés convencido de que te enojas porque los demás no piensan como tú, no importa; puedes "engañar" a tu cerebro: comienza a "mentirle" diciéndole que estás enojado diez veces por la mañana y diez veces por la noche durante 21 días seguidos. Profesa esta idea para que el cerebro realice una conexión neurológica nueva.

La capacidad que tiene de tomar algo existente en tu realidad, es para mí el verdadero y gran primer paso, pues florece la posibilidad de que sea cierta, continuar con el proceso para dejar de enojarte y reforzar esta nueva creencia.

Mis padres nos llevaron a Disneylandia en California; a mi hermana y a mí. Yo entonces tenía seis años de edad y el parque de diversiones era el único en el mundo, pues no había en ningún otro país otro parque igual.

Para la mayoría de niños como yo que visitaban este lugar por primera vez, era un sueño; entrar en un cuento y ser el protagonista de la historia. Por supuesto que marcó mi infancia y mi vida; de hecho, cada vez que llevamos a nuestros hijos a Disneylandia, mi esposa está convencida de que quien lo disfruta más soy yo.

Pasaron casi 20 años para que yo pudiera regresar desde que mis padres me habían llevado, y, por azares del destino, un amigo me invitó y allí estaba yo, de nuevo en ese gran parque de atracciones en California, pues ya existía la versión Orlando, París y Japón. A mí me pareció, al principio increíble, y tan divertido como la primera vez, solo que no sentía la magia que había sentido aquella ocasión; a mis seis años.

Apenas comenzaba el viaje por la sección de los piratas cuando llegó a mi nariz el olor característico del aire acondicionado. Sentí una alegría sin igual; una sensación de paz y felicidad inexplicable, me sentí con la felicidad de un niño de seis años y lo pude confirmar: ahora sí estaba en Disneylandia.

¿Cómo era posible que un simple olor, que había percibido una sola vez y después de 20 años me trajera tantas sensaciones y recuerdos? La respuesta me pareció imposible pero sencilla al mismo tiempo: el olor estaba anclado en mi cerebro por los sentimientos. Mi felicidad, mis seis años, mi inocencia, las tenía allí, gracias al olor que despedía el aire acondicionado.

Los sentimientos pueden ayudar a reforzar conductas y comportamientos. Así que trabajar en ello implica analizar qué comportamiento y reacción de la otra persona te hizo enojar, aunque tú en este libro ya hayas descubierto que te enojas porque los demás no piensan como tú. Estoy seguro de que morirás de risa cuando descubras que eres tan ridículo frente a tus propios enojos como si estuvieras frente a un espejo de feria, donde a veces te ves gordo, enorme y otras, enano y flaco como la desnutrición misma. Ridículo frente a tus propios enojos. Al final llegarás a comprender en su totalidad que no es imposible dejar de enojarse.

ES NECESARIO PERDONAR

Señor, si mi hermano me ofende,
¿cuántas veces lo tengo que perdonar?
¿Hasta siete veces?
Jesús le contesta: No te digo hasta siete veces,
sino hasta setenta veces siete.

Mateo 18,2119,1.

Recuerdo que cuando era pequeño y me leían la Biblia, el pasaje anterior me parecía muy complicado. A mis ocho años de edad esto parecía imposible; no comprendía cómo Jesús pedía que perdonara setenta veces siete veces.

Recuerdo también a un compañero de clases que esperaba el recreo para molestarme, lanzarme el balón y, atinadísimo, golpearme en la cabeza. Yo pensaba y pensaba en las palabras de Jesús a Pedro…Y según mi enojo y el dolor del golpe, debía acusarlo con la maestra, y decirle las maldades del cual era objeto; no entendía esas palabras de Jesús a Pedro, pero de alguna forma comprendí que yo debía de quedarme callado, no llorar, soportar el dolor del golpe, y perdonar setenta y siete veces al busca-pleitos de mi salón de clases.

De alguna forma me las arreglé para comprender que setenta y siete veces debía, debía de repetirme que Jesús estaba muy sonriente entre las nubes, allá en el cielo, platicando con Pedro que yo era muy buen entendedor para ser un niño.

Mucho tiempo después comprendí la enseñanza: Jesús me estaba mostrando un camino de consciencia elevada. Comprendí que el perdón no ocasiona sufrimiento ni dolor; por el contrario, su poder es tan infinito que lo cura todo, incluso el enojo propio.

El resentimiento

Resultaría superficial hablar de perdonar si no existiera el resentimiento, que por definición es "sentir dos veces lo mismo"; es decir, tener un resentimiento es repetir de nuevo una sensación o emoción. Resientes cuando tú y tu pareja pelearon la primera vez, cuando escuchaste a tu hijo decir Mamá. O vuelves a sentir lo mismo cuando visitabas a un ser querido en el hospital. Sucede de nuevo porque estás recordando el sentimiento: no estás repasando los hechos sino los sentimientos.

Recuerda cuántas personas existen alrededor tuyo que se repiten una y otra vez que no han perdonado (ni del todo ni a medias) el abandono de sus padres a edad muy temprana. También recuerda que las naciones se han dividido por causa de la guerra y que todavía no perdonan la invasión de aquellos que se llevaron hasta la sartén de sus casas.

Quizá suene contradictorio pero pienso que la palabra Perdón ha tenido a lo largo de la historia un sentimiento de culpa, que viene de la creencia que perdonar significa ceder, esto es, humillarse ante el otro. Las naciones terminan con sus habitantes cuando no ceden durante un enfrentamiento bélico.

En el terreno individual, ceder significa permitirle al otro la humillación. Entonces perdonar es un sentimiento de culpa. Quizá pienses que ya no vale la pena continuar con este libro, y es probable que tengas razón. Resulta mejor seguir enojado por el resto de tu vida.

Nadie tiene que decirte que perdones al que te ofende. Tú no te humillas. No tienes culpa alguna. No eres santo ni mártir, ni una paloma de la paz. Sigues tu

39

camino sin reflexionar el profundo y verdadero deseo de dejar de enojarte. Humanamente, nadie deja de enojarse.

Es cierto. Si reflexionas un poco en el tema y de verdad recuperas el sentido de las palabras de Jesús a Pedro, descubrirás que el amor propio y el orgullo verdadero nada tienen que ver con la humillación. Puedes ser o no un ferviente católico, piensa en las palabras, en el poder de las palabras.

Jesús dijo a Pedro que perdonara setenta y siete veces para que entendiera a la humanidad, que él no estaba enojado con nadie; supo siempre que muchos pensaban diferente que él, y no se sentía humillado ni incomprendido. Él amaba a todos por igual.

Tú no te enojas: no necesitas perdonar.

El enojo, producto del miedo

Cuando veas a alguien enojado
es porque tiene miedo; solo que no lo sabe

Cuando el ego se siente agredido y siente la necesidad de defenderse a toda costa porque no quiere morir, tiene miedo. Sabe que cuando alguien tiene la razón, muere un poco, y si alguien no piensa como él, muere otro poco, por lo que necesita defenderse de alguna manera para poder sobrevivir, necesita que alguien le diga: todo está bien. Tienes razón. **Tú** gobiernas, **Tú** mandas, **Tú** eres perfecto, **Tú**, **tú** y **Tú**…Solo que eso es miedo, por lo tanto, irreal.

El amor es real, verdadero y contrario al miedo. En el amor verdadero no existe el miedo y en el miedo no existe el amor. El miedo se alimenta de la ilusión, de lo sucedido, del resentimiento. Es un recordatorio de lo que hasta ahora hemos visto tú y yo en estas páginas. Si el título de una novela es Tengo miedo del amor, ya sabes de qué va el tema. O bien, Amar es una ilusión, no necesitas siquiera tomarte la molestia de sintonizar el canal.

A mí me llevó tiempo y trabajo comprender que el amor mata al ego. Suena a una gran batalla y lo es, pero es muy claro: en el amor no hay cabida para el ego, es decir, para el miedo.

Miedos diferentes

Existen dos tipos: el miedo del ego y el miedo físico.

El miedo físico es un miedo real: Si te caes, te golpeas. Si conduces un auto, lo haces con precaución. Si chocas, la adrenalina te indica que corres peligro. El miedo físico es preventivo, precautorio: una alerta para reaccionar ante el peligro. Se trata del instinto y lo compartimos con el reino animal, y cada especie tiene mecanismos de defensa cuando se ven amenazados por agentes externos. Los venados, se alejan del peligro. Tanto en el hombre como en los animales existen reacciones químicas dentro del cuerpo que activan los músculos, aceleran al corazón y ponen en alerta los sentidos. Este miedo sí es real, pero desaparece después de que el peligro ha terminado.

Sucede que el cuerpo elimina las secuelas de las reacciones internas, pero una vez que el peligro real concluye, el miedo físico también.

El miedo físico te prepara para una situación; el miedo del ego no existe; es irreal.

Si el ser humano renunciara al miedo, a su instinto de supervivencia, no podría salir bien librado del peligro verdadero y real. Hasta un león, el rey de la selva, intuye que su presa presiente el peligro. Con todo esto, quiero decir que el miedo real salva del peligro real. El miedo del ego no necesita explicación enciclopédica porque es el cúmulo de experiencias del pasado que ahora no son reales.

EL AMOR DESVANECE AL MIEDO

El amor reconoce que cada individuo piensa diferente y también que todos y en cada uno, existe el miedo irreal tratando de salvarse; reconoce que cada ego intenta sobrevivir con patadas de ahogado cada vez que acepta todo lo anterior. Debe verse como una convicción y no como una obligación: El amor lo puede todo, todo. Jesús vio siempre con los ojos del amor, siempre como seres diferentes, como lo mencioné antes.

No quiero decir de ninguna manera que andar por el mundo repartiendo amor signifique el fin a la guerra; tampoco que vayas por el mundo sin pensar ni reflexionar acerca de tu vida, ni que dejes de pensar en que tu historia personal comienza antes y después de este libro. Ni siquiera que dejes tu trabajo, tus amigos, o que te divorcies mañana por la mañana.

No. De verdad te digo que el amor lo puede todo, porque comienza contigo mismo. Para comenzar a tener una vida libre de enojos, debes comenzar por amarte a ti mismo.

Vivimos en un mundo real, donde acontecen realidades distintas y resultaría imposible negarlas. Decir que en India todo está mal porque no piensan como en Sudáfrica, no aporta nada. Cada persona es diferente porque tiene un ego diferente, de acuerdo.

De ser puro espíritu amoroso, créeme que no vivirías la intensidad en cada una de las experiencias que se han presentado en tu vida. Nulificarías el aprendizaje y de qué serviría decirte que dejes el enojo en el pasado si no tienes manera de aprender de él.

No es un enemigo, porque no lo odias: es un miedo, insisto, irreal. Odiarlo sería la infelicidad profunda, la desgracia; al enemigo, como en toda película de acción, se enfrenta, se combate, se aniquila, por el bien propio y por el de los demás.

QUIÉN CONTROLA EL ENOJO DENTRO DE MÍ

El ego contiene la conciencia
Sigmund Freud

Si tomas literalmente la definición de Freud… no piensas que el ego tenga conciencia; de ser así, no estarías leyendo este libro.

El ego retiene la conciencia para que no salga como el agua al abrirse una presa. No podría controlarla. Imagina un lirio acuático. Ahora imagina ese lirio acuático que ha echado raíz en una piscina privada. De pronto está allí un hermoso lirio acuático. Y otro, y otro más y así.

Un jardinero no podría podar los lirios acuáticos de la piscina. No sabría cómo, pues antes no había visto semejante cosa crecer en la piscina, que ahora parece más bien un pequeño jardín de lirios acuáticos. El jardinero no puede detener el crecimiento de los lirios, pero sí cortarlos; solo que volverían a crecer y florecer allí mismo, descontrolados, sin retenerlos.

Qué pasaría si la conciencia aflorara por encima del ego. Qué pasaría si el enojo no pudiera seguir controlando todo desde su zona de confort. Si analizas las situaciones por las que te enojas, te darás cuenta de que, ni siquiera estás enojado de verdad.

Cuántas veces te has descubierto diciendo: pero no sé ni porqué estoy enojado. Solo sabes que vas de un lado a otro en la oficina, que en tu casa se te olvida algo y das vueltas y vueltas al mismo lugar sin saber con exactitud qué te sucede. Todos te miran caminar con ese aire de enojo, de enfado. Tus hijos, tu vecina, en la calle. Y eso te enfurece. Te enfada. Enójate, enójate, enójate, pareces saber bien cómo hacerlo.

¿Sabes si de verdad estás tan enojado? ¿Es posible durar tanto tiempo enojado? ¿De verdad desconoces quién controla tu enojo?

Imagina un niño que obtiene atención de sus padres gracias al berrinche. Cada ocasión que pueda hacerlo, sabrá, de manera inconsciente, que es una buena manera de conseguir atención, dulces, besos... Todo; excepto que los padres desconozcan alguna técnica, el niño tendrá el control y los padres cederán frente a su berrinche.

Cuando nos enojamos, estamos actuando de la misma manera que el niño; al no poder controlar los pensamientos de los demás, nos enojamos para ver si podemos hacer cambiar de opinión a las demás personas. En otras palabras para ver si podemos controlar a los demás.

Para erradicar estas conductas de nuestra mente, debemos de empezar por comprender la idea de que es el ego quien quiere controlar a los demás y hacerlos que piensen como nosotros pensamos.

Necesitamos ejercitar esta nueva idea por un lapso de 21 días, para que nuestro cerebro forme, reconozca y acepte estas ideas.

Trata con el siguiente ejercicio:

Puedes comenzar por relajarte. Ya sea acostado o sentado, justo antes de dormir. Cierra los ojos y repasa tu día. Ahora repasa todas las veces que te sentiste molesto o enojado con alguien. Primero realiza un recordatorio general, y luego un recordatorio detallado de cada situación como si no fueras tú, sino otra persona. La intención es que puedas ver cada momento desde fuera; es muy importante que lo hagas de esta manera pues podrás observar las situaciones libres de emociones y te concentrarás en una situación. Anota las siguientes preguntas, y si lo consideras adecuado puedes escribir las respuestas:

Con quién me enoje. Cómo me sentí.

Cómo reaccioné físicamente.

Qué dije verbalmente.

Cuánto tiempo me duró el enojo.

Ahora imagínate esas mismas situaciones actuando de manera diferente. Imagina que eres otra persona pensando distinto a ti; trata de ver que esa persona tiene otra manera de ver el mundo.

Piensa en el deportista que inicia practicando su técnica, hasta que la fija en su mente; después de algún tiempo, ya no tiene que pensar más en la técnica, sino en su ejecución.

De la misma manera, después de algún tiempo, ya no necesitarás hacer estos ejercicios todos los días antes de dormir, sino que lo harás de una manera fluida, natural, consciente.

Al principio este ejercicio será suficiente durante 21 días. Poco a poco descubrirás los siguientes ejercicios que deseo compartir contigo. Solo te digo ahora que si tienes que escoger entre sentirte bien y tener la razón, escoge sentirte bien.

DISCUSIONES

Nos enfrentamos con las discusiones desde muy pequeños, pues todavía no hemos aprendido a pedir las cosas de manera amable cuando alguien nos las quita, lo hacemos a gritos, llanto o golpes. Aprendemos de esa manera que en este mundo todo tiene una consecuencia.

Si le quitas el juguete a un bebé, éste llora y grita; si le devuelves el juguete, entonces dejará de llorar; si vuelves a quitárselo llorará y así en lo sucesivo. Es decir, Tú controlas, Tú ejerces poder sobre los demás. Aprendes a controlar las reacciones de los demás.

Cuando eras pequeño podía haber resultado una manera de entretenerte y darte un juego. Aunque tengo mi teoría (que bien podría ser pretexto para hablar sobre la educación sin enojos), considero que desde muy temprana edad, existe cierto placer y goce cada vez que alguien ejerce poder y control sobre los demás. También en la infancia se aprende que el poder no es tan divertido pues la respuesta, es decir, la reacción, puede resultar más grave que el llanto: un golpe, un pellizco o una mordida más bien dolorosas. Si durante la infancia aprendemos esto sin intervención de los adultos, y sí por la experiencia propia, en la edad madura no existiría la necesidad de seguir ejerciendo el poder para hacer sufrir a los demás.

Los padres, evitarán el sufrimiento siempre que puedan y esto incluye las veces que externan opinión para que ellos no sufran jamás, nunca, por encima de su cadáver. Tratan de enseñar con sus experiencias que sufrieron y no tienen otra opción que enseñar el mundo TAL Y COMO lo perciben. Como si se tratara de una herencia, un legado.

De acuerdo: hasta yo he deseado un mundo donde el bueno y el malo desaparezcan. Pero si de verdad importa la manera de educar a los hijos, yo considero que verán el mundo por sí mismos, harán un juicio de lo mejor por experiencia propia y no por los nuestros, es decir, no por las experiencias heredadas de sus padres.

Sin la intervención temprana de los padres, de los adultos, podemos seguir utilizando ese poder con los demás, repitiendo por una eternidad: yo siempre estoy bien y los demás siempre están mal.

Lee con atención la siguiente conversación entre dos mujeres:

Paty: me dolió la cabeza el otro día y me tomé dos comprimidos de paracetamol y no se me quitaba.

Laura: cuando te duela la cabeza lo mejor es el ketorolaco extra.

Paty: fíjate que yo me tomo mejor un par de paracetamol…

Laura: ¿paracetamol? eso es para cuando tienes catarro, no para el dolor de cabeza.

Paty: yo creo que el ketorolaco es muy fuerte para mí

Laura: pero si me acabas de decir que te dolió mucho la cabeza y que no se te quitó. El ketorolaco es lo mejor.

Paty: ¿tú crees que sea lo mejor?

Laura: te aseguro que se te quita si lo tomas la próxima vez que te duela la cabeza.

Paty: me voy a tomar el paracetamol…

Laura: mira, mañana te compro una caja y te la llevo a tu casa para que la te la tomes la próxima vez que te duela la cabeza.

En principio parece que Laura quiere ayudar a Paty para que se le quiten los dolores de cabeza; Paty nunca pide consejo para elegir un medicamento, si lees la conversación; de hecho, quiere ser escuchada. Todos sabemos que es mejor consultar al médico antes que automedicarse, si persisten las molestias. Laura, corrijo, el miedo irreal de Laura, respondió por ella, pues se sintió amenazado, persistente e impaciente porque Paty no la obedecía. Sí, has leído bien: No la obedecía.

El ego de Paty, muy en lo profundo, tampoco quería dejarse controlar e insistía en tomarse el paracetamol. Parecería, en una primera lectura, que Laura es la imponente, necia, obsesiva y controladora durante la conversación y en realidad no lo es; Paty, quien parece pasiva en la conversación, en realidad es, por sus palabras, también una controladora: no escucha. Su ego no quiere morir en la conversación. Si Paty hubiese pedido consejo para elegir entre el paracetamol o ketorolaco, Laura daría consejo. Y si Laura supiera que el paracetamol y el ketorolaco son prescritos por el médico, la llevaría al hospital o le aconsejaría ver al médico familiar.

Esto se puede repetir innumerables veces durante una reunión. Ejercita tus orejas y atiende las palabras. Por un momento intenta escuchar, no hablar. Te darías cuenta de que cada persona intenta sobresalir, pero no por excelente conversador, no. Sobresale porque está tan concentrado en defender su opinión por encima de los demás, que no atiende en realidad el resto de las conversaciones.

El manual de buenos modales en sociedad indica que ningún tema delicado puede sacar conversación sana. La religión, la política, la educación, los valores, no son temas livianos, pues sacan lo más profundo de cada individuo; no lo peor ni lo mejor: lo más profundo. El ego, el miedo irreal, el temor a ver el punto de vista, el pensamiento del otro.

La clave aquí es resistir la tentación de hacer valer tu punto de vista. Intenta que los demás expongan su punto de vista y escuchar; si en algún momento te das cuenta de que el tuyo puede ser de ayuda, adelante: es tu manera de pensar pero sin tratar de imponerte. ¿Te parece sencillo? No lo es. Vivimos en una sociedad donde no defender el punto de vista significa debilidad, ignorancia, fragilidad.

Y, qué pasa si no lo defiendes. Fíjate bien: No pasa nada. De verdad, no pasa nada. Habrás avanzado contra el ego; habrás aprendido a controlar ese deseo terrible e insoportable de imponer tu punto de vista.

La próxima vez que te encuentres en medio de una discusión, no te sentirás amenazado y podrás escuchar y valorar cada una de las palabras que dice el ego, no la persona.

Cuando digo que resistas la tentación de defender tu punto de vista, no quiero decir que vivas dejando que los demás opinen por ti. Digo que cuando tu ego quiera sobresalir, de verdad entiendas la importancia de guardar silencio, y escuchar.

Si tu hijo adolescente quiere salir en la noche con sus amigos entre semana y tú sabes que no es lo mejor para él, entonces defiende tu punto de vista. Si tu proyecto es el indicado para la empresa, argumenta. Si vas en la calle y una televisora te pide la opinión acerca de la recolección de basura, es la oportunidad para argumentar y dar tu punto de vista.

Cuando doy a mis hijos una instrucción y la cuestionan, trato de defenderla: no discuto. Si un fin de semana mi esposa no se encuentra y les pido que se bañen antes de la cena y ellos prefieren hacerlo justo a la inversa y me dan sus razones, negociamos. De ninguna manera he llegado a pensar en imponer mis planes y demostrar mi poder, esto es, mi autoridad como adulto y padre. Así que cuando negociamos, aquello de asearse antes de cenar sin perder de vista mi objetivo verdadero que es dormirlos en un horario conveniente, llegamos a un acuerdo. Al final no perdí de ninguna manera mi autoridad como padre, cumplí mi objetivo y ellos argumentaron sin que yo me enojara. De hecho ellos ganaron autoestima al saberse escuchados sin que se los considerara equivocados, absurdos o ¡infantiles!

TE ENOJAS
CONTIGO MISMO

La especie humana es la única que se enoja consigo misma. Si te enojas contigo mismo, entonces estás aceptando la existencia de otro ser dentro de ti, y ninguno está de acuerdo con lo hace o dice el otro. Aceptarlo es aceptar que algo de locura te posee. El doctor Jekill y el señor Hide, peleaban y discutían: uno desconocía los hechos del otro. Así la dualidad y cierto grado de neurosis tenían validez en las narraciones extraordinarias de monstruos y demonios de siglos pasados.

Pero, ¿acaso enojarse no es algo desquiciante?, ¿Acaso no hay algo neurótico cada vez que sales a enojarte porque el mundo no es lo que quieres? Tengo noticias para ti: no existe ningún monstruo, ni desdoblamiento de personalidad ni nada de cuento de terror en tu enojo. El único responsable de sus actos eres tú. Nadie más. Nadie más es responsable de sus actos más que tú mismo. Y lo lamentas y guardas rencor hacia tu persona. No dejas que los errores sean aprendizaje. Nunca te perdonas. Eso no existe para ti.

Muchas de las cosas que has hecho no te gustan. No te gustas. No te gusta tu cuerpo. No. No. No. Eres un error garrafal. Terrible, No te gusta ser impuntual pero llegas tarde. No te gustan esos kilos de más pero no te ejercitas. No eres ansioso pero te muerdes las uñas. ¿No te parece irónico todo esto?

Vivir enojado por lo que eres o dejas de ser, es el acto magistral del ego. Quiere hacerte creer que tu imperfección es el tropiezo más grande de tu vida. Quiere que luches contra ti mismo y no aceptes lo que eres.

El ego es el único de verdad que no te quiere. Reconocerlo es aceptar tu humanidad, quiero decir que en tu imperfección radica la belleza. Allí está la esencia de tu ser, de tu auténtico ser.

Durante la infancia, el niño no deja de caminar por las veces que se ha caído en el intento. Una jirafa no deja de tener manchas color café por comer hierbas. Un lobo es un lobo. Nadie en el reino animal escucha la opinión de los demás.

Las opiniones en general son bienintencionadas, o neutrales. Al tomar en serio algunas sucede que el ego las utiliza para su comodidad, y comienza como un autosabotaje; significa que el autosabotaje limita los esfuerzos hasta minimizarlos.

El ego comienza con la vergüenza: *sí, mis dientes son grandes*; continúa con la represión: *mejor dejo de reírme o notarán que mis dientes son grandes*; después el rencor: *toda mi familia tiene los dientes grandes. Yo no quiero tenerlos así*. De inmediato surge el enojo: *es que si me río notarán que tengo los dientes grandes. Por qué no los tengo chiquitos. Quiero reírme a carcajadas*. Y por último el autosabotaje: *los chistes son estúpidos. Quién se ríe por el mismo chiste toda la vida. No me gustan las fiestas porque cuentan chistes*.

¿Notaste que un comentario ha sido el detonador de una vida llena de enojo?

Al pasar el tiempo sin detectar estas condiciones y limitantes en la vida, lo único que has aprendido es reprimir todas las acciones. Aprendes a regañarte toda la vida, condenas cada parte de ti porque alguien comentó algo sin gran significado. Estas limitantes poco ayudan para el amor propio y el autoconcepto que se supone debes alimentar a diario.

Éstas son las causas externas, que a simple vista, siempre has creído que son las que te hacen enojar, pero no es así. Recuerda que el ego se mantiene gracias a que le das demasiada importancia a lo que los demás piensen de ti.

El doctor Bob Rotella, un reconocido psicólogo deportivo en Estados Unidos, plantea que cada golfista posee al crítico más duro: él mismo. Argumenta que el golf no es un deporte perfecto, de lo contrario, nadie pagaría un cady para regañar al golfista por cada un tiro imperfecto. Y hay algo de cierto en sus palabras: observa a los golfistas famosos haciendo rabietas y aventando palos, maldecir, maldecirse cada vez que rebobinan el video del tiro imperfecto.

Rotella considera estas actitudes nocivas para el desempeño óptimo de cada golfista, pues en cada tiro refuerza el recuerdo del mal tiro en lugar de planificar tiros buenos. Rotella cuenta la historia de un golfista que cada vez que realizaba un mal tiro se decía a sí mismo: Te va a encantar, refiriéndose a que una pelota en situación complicada, resultaba una satisfacción enfrentarla si se ejecutaba de manera sencilla.

La siguiente historia podría ayudarte a ver con mayor claridad el concepto anterior.

Había una vez dos monjes que estudiaban el Zen cantando a orillas de un río, cuando vieron a una mujer que no podía cruzar. Uno de ellos, al ver la preocupación de la mujer, la cargó y la ayudó a cruzar el río, solo que había cometido un error: estaba prohibido para los monjes tocar a mujer alguna. El otro monje que vio lo que su compañero había hecho, se molestó, pues había cometido una falta. Ambos monjes siguieron su camino y el monje que vio lo que su compañero había hecho, no dejó de pensar en ello durante el camino.

Al anochecer, cuando llegaron al monasterio, el monje que seguía pensando en la falta del compañero no se pudo contener.

—Lo que hiciste en el río estuvo mal—, reclamó el monje. Sé que la mujer necesitaba ayuda y que nosotros debemos de ayudar a las personas, pero sabes bien que nos está prohibido tocar a ninguna mujer y tú lo hiciste.

El otro monje tranquilamente le contestó:

—Amigo, yo ya dejé a la mujer al lado del río hace horas y tú todavía la vienes cargando contigo.

LA CULPA

La culpa no es más que un escudo para dejar de tomar responsabilidades de nuestros actos. Culpamos al clima, a la situación del país, a los demás, al tráfico, al gobierno. La verdad es que el clima no es responsable del mal humor en la ciudad, o de que llegues tarde al trabajo; el gobierno es responsable de las acciones públicas, no de que el fin de semana hayas estado de fiesta y ahora no puedas levantarte. Sucede que todo el tiempo la culpa es externa, nunca la responsabilidad propia.

Ya he mencionado que aprendemos estas actitudes en la infancia, esto no significa que nuestros padres hayan tenido la culpa de ello, hicieron lo que creían mejor en ese momento. Por lo tanto culpar a los demás no es un estigma de nacimiento, es decir, no se trata de algo que ya estaba en ti.

Busco, ahora que ya sabes esto; que eduques a tus hijos conscientemente, que tus hijos aprendan diferente de cómo aprendiste tú. Aprendemos esto de pequeños al escuchar a nuestros padres quejarse: *se me hizo tarde por tu culpa. No alcancé el autobús por tu culpa. Quise llegar a tiempo, pero por culpa de un imbécil... Por culpa del gobierno, la oficina es un basurero...*

También aprendiste esto cuando te castigaban: *es tu culpa que tu hermanito llore así. Tú eres el culpable de que no haya galletas en la alacena. Te voy a castigar.*

Si había castigo doloroso era porque habías hecho algo mal, ya que el sufrimiento es el verdadero equivalente de la culpa. Entonces cuando resultabas "culpable" ya temías el castigo, el sufrimiento profundo y lo que mejor aprendiste fue decir: Yo no fui. Yo no soy culpable. Según tú te habías librado del castigo... La verdad es que evadiste la responsabilidad de tus actos. Siempre existirá un pretexto idóneo y significativo para responsabilizar a todos, excepto a ti mismo.

CUANDO NOS QUEJAMOS DE ALGO ESTAMOS CULPANDO SIN SABERLO.

A mediados de diciembre fui a renovar mi licencia de conducir. Cuando llegué había muchísima gente formada antes que yo, lo que significaba perder un par de horas para obtener la renovación. Desconocía por completo que durante el mes, la oficina de recaudación otorgaría descuentos a los usuarios puntuales en su pago. Al llegar a casa me quejé con mi esposa; le comenté de toda la gente que estaba antes de mí y de los descuentos que el gobierno estaba otorgando. Sin saberlo estaba culpando al gobierno; también estaba culpando a toda la gente que estaba formada para recibir el descuento.

La verdad es que estaba molesto conmigo mismo por no haber ido en noviembre a renovarla, dejé pasar el tiempo y ahora no podía esperar hasta enero, pues expiraría mucho antes.

Yo evitaba formarme y renovar la licencia o regresar al día siguiente más temprano para ser de los primeros. Al final opté por ir al día siguiente y temprano, obtuve un decoroso descuento y mi licencia renovada.

Todas estas conductas las hacemos inconscientemente, y no son fáciles de detectar al principio, pero hay algunas maneras que nos pueden ayudar a hacerlo. Una vez que ya lleves algún tiempo haciendo la lista de los enojos, integra las siguientes preguntas:

A quién culpé. Por qué lo culpé. ¿Pude haber hecho algo diferente para no haberlo culpado?, ¿Me culpé a mi mismo?, ¿Qué voy a hacer la próxima vez que me suceda?

Si continúas con el ejercicio de la licencia, quedaría más o menos así:

Culpé a los demás y al gobierno porque había mucha gente antes que yo en la fila. Pude haber ido por la licencia en noviembre. Sí, sentí que si yo hubiera hecho esto antes no me sentiría irresponsable. Voy a programar la renovación un mes antes e investigaré si hay promociones próximamente.

Si te sientes mal por algo que hiciste, es una alarma para saber que te has culpado sin darte cuenta. Si recuerdas, el ego es irreal; no existen dos seres peleando en tu interior y la culpa es una forma de evadir la responsabilidad de tus actos, estarás cerca, de verdad, muy cerca de vivir sin enojos. Significa que aprender del error y corregirlo te hará libre de culpa, pues la responsabilidad de tus actos es tuya.

Si cambias el concepto de culpa por el de responsabilidad, estarás aprendiendo que lograrás el objetivo principal de este libro: no enojarte. Liberarte del enojo. Vivir una vida sin el equipaje del pasado.

Triunfar por encima de las irresponsabilidades de los demás también refuerza tu auto concepto, tu amor propio y tu cuerpo también lo agradecerá.

ESCUCHA

Uno de las técnicas más simples para dejar de enojarte cuando alguien habla contigo es escuchar. Ya lo habrás leído en unos capítulos atrás en este libro, cuando te recomiendo que en una conversación guardes silencio, entrenes tus orejas y escuches el ego dominante de cada individuo.

Cuando te encuentres en una conversación, repito, lo que pasa es que no estás escuchando realmente -aunque creas que sí-. Si no escuchas algunas ideas o el juicio de valores que la otra persona comunica, la mayor parte del tiempo estarás buscando formas de imponer tu punto de vista y tus valores sin que te importe la conversación en general.

Escucha,
escucha con el corazón

Si logras escuchar con el corazón logras una empatía inmediata con las personas. Me refiero a probablemente no estés de acuerdo con lo que ella piensa, o con su manera de expresarse o, con su forma de vida. Una noticia buena para ti es que no tienes que estarlo. Las relaciones duraderas comparten valores y visiones similares, jamás idénticas. Otra noticia buena es que las relaciones también duraderas pueden ser opuestas en valores y formas de vida. ¿Qué sucede entonces? Lo que mueve al mundo, lectores, se llama empatía.

La madre Teresa de Calcuta llevaba a cabo una misión en su vida: ayudar a los más desfavorecidos en el mundo. Y llegó a conversar con líderes políticos que no concordaban con su misión, pero la manera de hablar, de sentir y de escuchar convenció a los más duros de roer.

Juan Pablo II también viajó por el mundo y escuchaba con el corazón las plegarias de los más desprotegidos en el mundo. Juan Pablo II fue Papa, de acuerdo, pero nadie olvidará que se sentó a lado de líderes de políticas extremas y no católicos para escuchar y ser escuchado por millones de fieles. Escuchar, escuchar, ser escuchado.

La próxima vez que te encuentres en una reunión con amigos, hazte consciente de tus pensamientos. Durante la conversación toma conciencia de lo que pasa por tu cabeza al momento de escuchar a los demás. Procura mantener tu atención y cuando tengas un pensamiento, detente. Te puedes dar cuenta si estás juzgando a la otra persona por lo que dice; si la juzgas por la manera en que se expresa, o que está mal lo que está diciendo.

Intenta por una sola vez, acallar tus prejuicios, tus tablas de valores, y escucha con el corazón antes que salga el ego. Recuerda que los juicios se basan siempre en tus experiencias pasadas y que relacionan lo que ocurre en este momento con lo que conoces del pasado.

He aquí un fragmento de una conversación entre dos mujeres con problemas para escuchar con el corazón:

Laura: me está empezando a doler la garganta; yo creo que me voy a enfermar.

Alicia (pensando mientras oye a Laura): *ya va a empezar de nuevo con sus enfermedades, no entiende que se enferma con solo hablar de ellas.*

Laura: ahora sí, siento el cuadro típico de un resfriado. Lo mejor será que me tome una pastilla. ¿Cómo ves?

Alicia: Y cómo está tu abuelita. Me contaste hace un año que se había ido de vacaciones. Adónde se fue.

La mayoría de las veces que la gente te cuenta sus problemas no buscando consejos o ayuda de manera directa; lo dicen como si la conversación estuviera obligada por respeto a los demás. El disfraz de las palabras también distrae a quien está escuchando. Es por eso que Alicia cambia la dirección de la plática no solo para evitar el consejo, sino porque su prejuicio no le permite escuchar con empatía a Laura.

Cuando alguien te aconseja durante una charla, es muy probable que te sientas regañado o corregido, pero no escuchado. Aconsejar es una tarea más compleja, pues requiere de un esfuerzo mayor de autoconocimiento y empatía al mismo tiempo. La gente que acude a terapia necesita ser escuchada sin prejuicio alguno y, consejo o técnica para algo en específico en su vida. La tendencia natural es contar el problema a quien escucha, sin ego de por medio, esto es, sin prejuicio ni consejo.

Una forma de detener el impulso o tendencia natural de aconsejar es saber cómo te sientes al escuchar al otro, si estás teniendo algún tipo de tensión en alguna parte del cuerpo. Claro que no estás acostumbrado a ser consciente de tus emociones y menos si te causan alguna molestia, pero dejar de enojarse es el reconocimiento también de las emociones y de cómo afectan la salud física.

Una película de terror puede resultar gratificante para alguien que tiene un trabajo físico extenuante, mientras que para otra puede resultar totalmente diferente. Atiende las emociones y sus efectos. La gente, en su mayoría, relata que sus principales puntos afectados son el estómago, el pecho, el corazón, la cabeza, el cuello, la espalda.

Otra técnica para escuchar a los demás es preguntarle usando los mismos términos que ellos usan.

Por ejemplo:

Inés: Mi hijo mayor tiene ropa sucia en su habitación y del coraje me hizo llorar.

Felipe: ¿Me estás diciendo que te enojaste con tu hijo mayor porque tiene ropa sucia en el cuarto?

Otro ejemplo:

Elizabeth: Todos me hablaron el día de mi cumpleaños, menos mi papá.

Enrique: ¿cómo te sentiste cuando no te habló tu papá el día de tu cumpleaños?

No es una terapia entre un profesional de la salud mental y un paciente. Es una dinámica que funciona para comprender las palabras del otro, para cerciorarte que estás relajado y escuchando y, sobre todo, que no está sucediendo nada en ese momento que atiendes al otro. Digo "no está sucediendo nada" cuando alguien como Elizabeth te cuenta que el día de su cumpleaños no le habló su papá y no puede volver a emocionarse de la misma forma en este momento. Esto es de gran ayuda para evitar que tu mente empiece a contarte historias en lugar de escuchar a los demás sin enojarte.

RESPIRA

Buda tuvo que pasar hambre en una cueva, casi hasta morir para iluminarse y ver el mundo con los ojos del amor. ¿Su paradoja? No pudo transmitir el conocimiento a sus discípulos.

He aprendido a lo largo de mi vida que existen pasos a seguir para trabajar con el miedo irreal. Aprender a silenciarlo y lograr ver la realidad sin filtros, como realmente es; insisto, no es un llamado para vivir sin que nada te moleste. Todas estas prácticas y enseñanzas tienen un fin común: dejar de pensar que los demás deben pensar como tú.

Vivir en el presente

Si estás viviendo este momento entonces el ego terminará muriendo. Si lo dejas vivir, significa que estás instalado en el pasado. Es un hecho que si estás presente en el presente, estás consciente del momento, por lo que el ego, insisto, morirá.

Un paso para lograr estar en el presente es una práctica muy antigua usada por varias religiones y enseñanzas, la más simple de todas, la más fácil y efectiva: Respirar.

¿Acaso no estoy siempre en el presente?, ¿No estoy siempre respirando para vivir? En parte tienes razón; tu cuerpo siempre está en el presente, y también estás respirando. Sí. Pero tu cabecita, no. Tu mente puede estar en cualquier lugar que quieras, vagando en los recuerdos del pasado o en las promesas del futuro. Por eso necesitas aprender cómo vivir en el presente, y estar consciente de la respiración en el momento que está sucediendo.

Intenta dejar de respirar unos minutos. Los mecanismos de supervivencia del cuerpo humano harán lo posible para volver a respirar.

Como yo lo veo no es una meta exclusiva para iluminados, o para los monjes tibetanos, quienes trabajan toda su vida elevando su consciencia. Para mí elevar la consciencia es estar presente, estar consciente de ti mismo como un ser unificado y total, así tu mente y tu cuerpo estarán juntos en el presente. Esta es la forma de reconocer que estás presente, cuando te das cuenta de que tu mente y tu cuerpo están juntos en el mismo espacio-tiempo.

Ahora toma lápiz y papel. Siéntate tranquilo, cierra tus ojos y toma tres respiraciones tranquilas y profundas, sintiendo el aire entrar por tu nariz y salir por tu boca. Después de las tres respiraciones abre tus ojos y siente tu cuerpo, siéntelo en ese instante; siente los pies en tus zapatos, siente tus glúteos en la silla, siente tu cuello, tu cabeza, tus ojos, tu boca; luego toma otras tres respiraciones con los ojos abiertos, sintiendo de nuevo cómo el aire entra y sale de tu cuerpo.

Practica esta respiración un par de veces durante el día cada vez que quieras hacerlo. Solo necesitas un par de minutos de tu agitado día. Si te sientes apurado, entonces realiza las tres primeras respiraciones, y sigue con tu día ocupado, hasta que tengas un par de minutos para hacerlo completo.

Seis respiraciones conscientes, es el principio; no hay límite para el número de respiraciones, ya que entre más sientas tu cuerpo estar en el mismo lugar que tu mente, será más fácil hacerlo.

Recomiendo hacer este ejercicio algunas veces durante el día y también antes de levantarte por la mañana y en el momento que te vas a dormir por la noche.

¿Quieres hacer una prueba de qué tan importante es la respiración? Hagamos los siguientes ejercicios:

Primero toma todo el aire que puedas por la nariz y la boca y aguántalo por 30 segundos; trata de no divagar. Al cabo de 30 segundos deja salir todo el aire y respira normalmente. Ahora repite el ejercicio y agrega diez segundos más, así hasta que llegues a tu límite y tomes el tiempo que puedes aguantar sin respirar.

Segundo ejercicio:

Siéntate con los ojos cerrados y respira diez veces a tu ritmo normal de respiración. No trates de respirar más aire ni de detenerlo por más tiempo, intenta que sea una respiración tranquila. Cuando hayas terminado pregúntate si te sientes tranquilo, excitado, cansado, contento, en paz, acelerado. Solamente tú podrás contestar.

Al terminar las diez respiraciones, mantente de pie y cambia tu respiración por una más bien rápida. Toma poco aire por la nariz y sácalo; repite hasta por 20 respiraciones continuas sin descansar, inhala y exhala rápidamente todo el tiempo. Una vez que llegues a la respiración 20 deja de hacerlo y respira como tu cuerpo lo pida en ese momento, no trates de respirar normal o despacio, deja que tu cuerpo te diga cuánto aire necesita.

Siéntate y analiza tu cuerpo: si está tranquilo, excitado, cansado, relajado, acelerado: solo tú podrás saberlo. Ahora compara estas dos formas de respirar. Notarás cómo la respiración afecta todo tu cuerpo, tu mente y todo tu ser. Con este ejercicio habrás experimentado por ti mismo el poder de la respiración, como decía Víctor Frankl, quien sobrevivió al campo de concentración para poder escribir que la vida no es algo que Dios nos haya regalado cuando nacimos: la vida nos la regala en cada respiración.

OBSERVACIÓN FIJA DE UN OBJETO

Otra técnica usada por muchas escuelas y religiones es la de observar un objeto con la vista fija. Este método puede servir como una preparación para la meditación, ya sea que nunca hayas meditado y que practiques este ejercicio por algún tiempo para ir entrenando si deseas practicar la meditación, o que quieras practicarlo momentos antes meditar para obtener mejores resultados de ella.

Siéntate en un lugar cómodo a la mesa. Coloca una vela encendida frente a ti; con los ojos abiertos observa la llama de la vela, solo obsérvala. Ahora hazlo sin parpadear el mayor tiempo que puedas; al cabo de un rato, los ojos comenzarán a llorar para lubricarse. No te detengas, pues la lubricación es la misma función del parpadeo.

Continúa mirando la vela. Cuando decidas, cierra los ojos y deja que tu mente se quede sin pensamientos por unos instantes; al principio será que te sientas a gusto con los ojos cerrados y la mente en blanco; después los lapsos se irán alargando poco a poco sin el ansia de abrir los ojos, porque te sentirás realmente confortado en silencio contigo mismo.

Al inicio puedes empezar con algunos minutos y después ir aumentando el tiempo. Te recomiendo que no tomes el tiempo, para evitar la ansiedad a la que estás acostumbrado cuando tienes conciencia del tiempo. Este ejercicio lo puedes realizar las veces que quieras, antes o después de los ejercicios anteriores y por lo menos 20 minutos después.

En la actualidad pueden ser de gran ayuda los formatos digitales de meditación guiada si te interesa continuar estos ejercicios que son básicos. La meditación guiada es aquella en la que un narrador dirige el ejercicio mientras tú lo realizas. La voz te indica los pasos a seguir para que logres tu objetivo. Son útiles para principiantes y existen diferentes técnicas.

Aquí te dejo otro ejercicio para escuchar:

Cierra tus ojos. Escucha los sonidos que se encuentran en tu exterior. Al principio notarás un par de sonidos, trata de reconocerlos. Quédate así por unos instantes, hasta que tus pensamientos vuelvan a aparecer y los sonidos desaparezcan. Intenta de nuevo concentrarte en los sonidos del exterior. Abre los ojos y describe todos los sonidos que escuchaste.

SER INVISIBLE

Lobsang Rahmpa narra la vida de monjes tibetanos que alcanzaban altos niveles de consciencia; dentro de las habilidades que iban desarrollando había una que parecía imposible: hacerse invisibles. Según como él mismo explica no era que el monje desapareciera, sino que sabía que las otras personas no estaban viendo, estaban tan metidas en su diálogo interno que no veían los objetos que los rodeaban, tenían una visión sombría de ellos; de esta manera dejaban de moverse y de llamar la atención de quien los veía: eran parte del ambiente.

Observa detenidamente un árbol, una planta, una flor, el mar, el cielo, las nubes, un atardecer, un animal silvestre; un objeto a la vez. Míralo sin analizarlo, sin pensar en él: solo míralo. Si te decides por un árbol, mira la corteza, las rugosidades, las ramas, las hojas, la nervadura de las hojas, el color... todo míralo. Míralo hasta que regreses a escuchar tus pensamientos y el objeto que estabas viendo desaparezca de tu vista. Ahora solo ves un árbol, un árbol y nada más.

Te recomiendo que hagas esto siempre que tengas oportunidad. Como todos los ejercicios, entre más los practiques, mejores resultados obtendrás. No te desesperes si crees que no estás avanzando, recuerda que estás en contacto con la naturaleza para aprender de ella, para aprender que cada instante es perfecto y que la naturaleza no tiene prisa.

El momento
más importante
es Ahora

Suena fácil pero no es simple. No es sencillo ya que nuestro ego está tratando de huir del ahora en todo momento. El ego quiere vivir en el pasado o en el futuro, pero nunca en el presente, nunca quiere vivir en el presente ya que en el presente el ego no existe, el ego muere.

El fin último del ego es el sobrevivir y el ego no sobrevive en el presente; si estuviéramos siempre presentes, el ego habría desaparecido de nuestra mente, probablemente existiría pero no le haríamos caso, ya que no tendríamos tiempo para escucharle, estaríamos siempre en el momento presente y nunca lo podríamos escuchar.

Vivir en el presente y dejar de escuchar al ego no significa que el ego habría desaparecido. Significa que estaríamos tan ocupados en el presente que no tendríamos tiempo de escucharlo.

Piensa en algún dolor que tuviste en el cuerpo. El dolor te molesta. Pero si comienzas a hacer algo que te gusta o algo que te mantiene ocupado, entonces se te olvida el dolor. No significa que el dolor ya no exista. El dolor sigue allí, simple y sencillamente no tenemos tiempo de hacerle caso, por lo que pierde fuerza y deja de tener la importancia que tenía cuando le prestabas atención.

Cuando alguien se te atraviesa en la calle, te enojas porque la otra persona hizo algo equivocado, de acuerdo con nuestra forma de pensar. En ese momento el ego se encuentra en su máxima expresión y comienza a mandarnos los argumentos posibles para convencernos de que la otra persona está equivocada y nosotros estamos en lo correcto.

El ego está tratando de hacernos vivir en el pasado. Pero un instante después de que pasó el casi accidente, es un nuevo momento. Si no escucháramos al ego seguiríamos manejando como lo hacíamos anteriormente.

Vivir en el presente es la forma más sencilla para dejar de enojarse. Si te acostumbras a vivir en él, entonces como dijo Jesús: el reino de Dios será tuyo aquí en la tierra, aquí en cada instante. El presente es un regalo y es por eso que se llama PRESENTE, es el regalo de la vida que Dios nos da en cada instante, con cada respiración y cada latir de nuestro corazón.

Vivir en el presente es la forma más sencilla de iluminación, ya que ese momento será como si se hubiera iluminado el lugar, veríamos todo con claridad y dejaríamos de necesitar escuchar al ego, veríamos las cosas como son y no a través de los filtros del ego.

Al principio del libro mencioné que si te encontraras este libro en algún lugar y no lo compraras, yo estaría contento si pudieras comprender la frase

La única razón en el mundo por la que te enojas es porque hay alguien que piensa diferente que tú

Si pudieras recordar y poner en práctica solamente una de las técnicas de este libro sería esta:

LO MÁS IMPORTANTE EN TU VIDA ES AHORA

No solo es lo más importante, es la única cosa que importa, ya que el presente envuelve todo lo demás que crees importante. Y lo más importante del presente es que Dios está siempre en el presente y el único lugar para encontrar a Dios es en el presente. Esta es una de las frases más sabias que se hayan dicho; no es mía, ha existido en todas las religiones, pero se ha subestimado a través de los años.

Jesús dijo: "no pienses en el mañana, cada día tiene bastante con su ideal." Jesús nos estaba enseñando a vivir en el presente. Jesús vivió toda su vida en el presente.

Jesús, con su parte humana, también se enojó, nos cuenta la Biblia, pero hay dos puntos a tomar en cuenta cuando hablamos del enojo de Jesús: El primero es que si Jesús se enojó con los mercaderes en el templo, fue porque nos quería dar una lección específica. Jesús quería sacar a los mercaderes del templo, pero no se refería al Templo como Iglesia, se refería al templo de Dios, al templo espiritual que somos cada uno de nosotros.

Los mercaderes representan el mercado que existe dentro de nuestro templo: el Ego con todas sus falsas creencias que nos aleja del verdadero templo que somos. Es ese continuo pasar de pensamientos sin parar que tenemos dentro de nosotros. Esos son los mercaderes dentro del templo, ese es el ruido que nos distrae del presente, que nos aleja de Dios.

El segundo y más importante que el primero es que aunque Jesús se enojó, nunca tuvo resentimiento, ya que Jesús siempre vivió en el Ahora. Cuando la Biblia nos cuenta que sacó a los mercaderes del templo, nos dice que les dijo que salieran de la casa de su Padre, pero la escritura no dijo que si cuando Jesús los veía de nuevo los regañaba o los insultaba, nunca dijo que Jesús hablaba mal de esos mercaderes meses después de haberlos expulsado del templo. Se enojó en ese momento. El momento pasó y Jesús entró a orar al templo. Cuando estaba orando, él ya no estaba enojado, estaba viviendo solamente en el momento.

Una vez que sacas el mercado de tu interior, entras en oración profunda con Dios; el ruido que te distrae de Dios ya no está.

Esto no significa que si existe el ruido Dios no está ahí, Dios siempre está dentro de nosotros, solo que el ruido ocupa toda nuestra atención y no nos damos cuenta de que Dios siempre está en nosotros.

El miedo es otra parte del ego que no puede vivir en el presente, ya que se alimenta de supuestos que pudieran ocurrir en un futuro, basado en acontecimientos pasados y en el poder de la imaginación. El resentimiento se basa en el miedo, y es el aspecto del ego que tiene miedo de no tener la razón.

Hace poco una amiga de mi esposa se encontró a una compañera de preescolar en la calle y le platicó a mi esposa que ella no la soportaba, porque en el colegio cuando tenían cinco años ella le jalaba el pelo.

El resentimiento que ella tenía se había guardado por muchos años. Cuando no solamente se acordó del pasado, sino del resentimiento que tenía hacia ella. Su ego sintió de nuevo el mismo miedo a morir y no tener la razón que sentía hace más de treinta años. Así que el ego mandó el mismo sentimiento para hacerla sentir que necesitaba estar en lo correcto y la otra persona mal, por lo que había hecho en el pasado.

El resentimiento es recordar lo que alguien nos hizo en el pasado. Pero si vivimos en el presente, no podemos tener rencor por el pasado ni podemos pensar en cómo queremos hacer sentir mal a esa persona en el futuro. El tiempo ha pasado y las cosas han cambiado. El presente es un perdón sin esfuerzo. Es una paz que nos libera del ego y de cualquier resentimiento sin esfuerzo.

Leon Tolstoi escribió: La mayor parte de mi vida he vivido con miedo a los problemas, pero la mayoría de ellos nunca ocurrieron. El miedo es el maestro del futuro y del pasado, el miedo nos transporta al futuro, de una manera negativa, recopilando sucesos pasados o juntando experiencias para poder justificarse a sí mismo, para poder existir. El miedo es la herramienta del ego. El ego tiene miedo de sí mismo, porque el ego tiene miedo todo el tiempo.

El miedo es la falta de presencia; por lo tanto el ego lo es también.

El perdón reconoce que el pasado existió como presente en algún momento, pero que en este instante es una imagen.

Imagina por un instante que estás en una sala de cine viendo una película en 3-D; las imágenes son tan reales que intentas tocarlas. Pero no puedes tocarlas, no puedes tocar a los actores, son imágenes y no los actores en sí. Aunque parezcan reales, las imágenes no tienen substancia, son una proyección de luz.

Lo mismo sucede con el pasado: no podemos tocarlo porque no existe, es una imagen en nuestra mente. Lo único que podemos tocar es lo que tenemos frente a nosotros en este momento y nada más, nada que no exista en este momento se puede tocar, podemos tocar lo que vivimos ahora.

El pasado y el futuro tienen el mismo efecto y es por eso que nos sentimos mal si recordamos algo desagradable del pasado. Lo mismo puede ocurrirnos si imaginamos algo desagradable que nos pudiera ocurrir en el futuro, pero ninguno de los dos existe. Son imágenes por lo tanto no son reales, lo único real es Ahora.

Esta es la esencia del perdón; si comprendemos que el pasado es una imagen que tenemos en nuestro cerebro y que no es real, entonces lo que nos pasó no existe ahora, por lo que solamente podemos perdonar lo que es real y no tenemos nada que perdonar.

Si comprendemos esto entonces el perdón no será una carga pesada que tenemos que hacer, sino algo con lo que vivimos naturalmente en cada instante y que nos da una Paz sin realizar ningún esfuerzo ni hacer ningún sacrificio, solo estar presentes en este momento.

El ego no solo es el encargado de proyectar las imágenes del pasado y del futuro, sino que también es el director de la película. No tenemos control de lo que estamos pensando la mayoría de las veces, vemos las imágenes pasar una tras otra, el ego es quien está dirigiendo la película en cada momento.

El ego dirige la película que tú ves en tu vida y la forma de detener esta película es estar presentes; aquí y ahora el ego no puede dirigir nada ni proyectar nada, ya que el ego no existe en el presente. Es otra imagen que tampoco podemos tocar porque no es real, la esencia del ego son todas las imágenes que tenemos de nosotros y de las imágenes que los demás tienen de nosotros.

Las proyecciones del pasado son las películas que ves mientras está lloviendo afuera. Al terminar la película, sales y te das cuenta de que había estado lloviendo todo el tiempo y que tú nunca te diste cuenta.

Imagina que el presente es lo que está afuera de la sala y que la sala es tu mente cuando ves las imágenes del ego. No puedes estar en los dos lados, no puedes ver la película mientras estás afuera viendo llover. Asimismo no puedes estar en el presente y ver la película del ego, y no puedes estar presente si estás viendo la película del ego. Ninguno existe en el mundo del otro.

Muchas de las veces crees que estás presente, pero no lo estás. Crees que todo lo que estás haciendo es ver la película, pero no puedes estar viendo la película y al mismo tiempo tener tu mente en otro lado. Puedes estar pensando en la lluvia de afuera y en todas las cosas que pueden pasar si llueve: se mojará la ropa que tengo tendida; el jardín se va a llenar de lodo; el carro se va a ensuciar y lo acabo de lavar. Esa es la razón por la que el ego, pretende hacerte creer que estás en un lugar, pero a la vez estás con la mente en otro, ya sea en el pasado o en el futuro, nunca en el presente.

He repetido varias veces que el ego vive en el pasado y en el futuro, pero nunca en el presente. Esto nos ayudará a ver lo que está haciendo el ego en el presente. En este mismo momento puedes detener tu lectura de este libro y sentarte sin hacer nada; a los pocos segundos empezarás a pensar en algo rápidamente. El ego te tratará de sacar del presente como sea, empezarás a acordarte de asuntos pendientes.

Si estás en el presente el ego muere. Por lo tanto siempre está haciendo lo posible por sobrevivir. Esta es la razón por la que a la mayoría de nosotros nos desespera estar afuera de un consultorio o de una oficina, o hacer fila para pagar o quedarnos de repente solos sin nada que hacer. El ego necesita estar ocupado haciendo algo y pensando en otra cosa, ¡qué ironía! El ego no quiere que hagas algo para que te enfoques o concentres. Quiere que hagas algo para que pueda desconectarse del presente obtener el regalo del presente de las posibilidades. Es por eso que en los momentos que no tienes nada que hacer, el ego te manda un sentimiento de culpa para que sientas que estar sin hacer nada es malo.

¿Conoces el dicho que la ociosidad es la madre de todos los vicios? Yo creo todo lo contrario: si tomamos el ocio como una oportunidad para no hacer nada en determinados momentos, -no para hacer nada todo el día y todos los días-, pero sí quedar en silencio en nuestra habitación sin hacer nada y sin hacerle caso al ego y que todos los pensamientos que pudieran pasar por nuestra mente, entonces comenzaríamos a sentirnos bien, estaríamos conectados con Dios más tiempo de lo que estamos conectados con el ego.

El ego es una adicción, una adicción que padece toda la humanidad, pero como todas las adicciones, nos podemos liberar de ellas y nos fortalecerá y nos llevará a una nueva vida mucho mejor de la que jamás hayamos tenido.

Muchas personas que se liberan de una adicción dan gracias a Dios por haber tenido esa adicción, ya que encontraron la vida verdadera después de haberla superado. Liberarse del ego es una labor más grande que liberarse de cualquier adicción. Y como en las demás adicciones, el primer paso es reconocer que uno la tiene. Cuando nos hacemos conscientes de que somos adictos al ego entonces hemos dado el primer paso. Pero el primer paso no garantiza que nos liberemos de ello. Pocas personas se dan cuenta de que son esclavos del ego.

Mi hijo mayor tenía seis años cuando me preguntó si el ego era el diablo. Le pregunté qué era lo que él que pensaba y me dijo que no sabía. Al día siguiente mientras lo llevaba a la escuela, de repente me dijo: el ego sí es el diablo. No dijo nada más, pero parecía tan convencido, que me dejó pensando por un rato.

Yo pienso que los niños tienen una conexión mucho más fuerte con Dios y su sabiduría que los adultos, porque todavía no tienen la mente llena de todas las creencias y reglas que los adultos tienen. Si escuchamos a los niños, nos sorprenderían con su sabiduría. Pero muchas veces estamos cegados por nuestra idea de responsabilidad de padres que creemos que siempre tenemos que estar enseñándoles.

Ahora; ¿Es el ego realmente el diablo?

Primero tenemos que quitarnos la imagen que hemos tenido del diablo como una persona con cuernos, cola y barba de chivo. Olvidemos que sostiene un trinche y vive entre llamas y que viene a la Tierra con el único y exclusivo fin de decirnos que hagamos cosas malas, así como tampoco Dios es un viejito canoso sentado en una silla. Dios no se puede expresar con imágenes ni palabras porque no es posible abarcar todo lo que es Dios.

En principio el diablo es quien nos dice en nuestra cabeza que hagamos algo "malo" que no le hagamos caso a Dios, por lo tanto quiere que nos desconectemos de Dios.

Me gusta la imagen del diablo como en aquellas películas de caricaturas donde el diablo se encuentra de un lado de los oídos del personaje y un ángel del otro. El diablo le dice que haga lo que está mal y que se olvide de lo que dice el angelito del otro lado. Aunque la mayoría de las veces el personaje sabe que el ángel es quien tiene la razón, algunas veces no le hace caso y termina en problemas.

Si ésta es la definición del diablo entonces el ego encaja perfecto en la definición y aunque el ego no parece tan malo como el diablo, es el encargado de decirnos que nos alejemos de Dios, que nos alejemos del presente que es donde está Dios todo el tiempo; el ego es quien nos dice que somos esto o aquello (soberbia), que somos lo que tenemos o lo que poseemos (avaricia) que si perdemos lo que somos o lo que tenemos nos sentiremos muy mal (egoísmo), que somos nuestro cuerpo (gula, lujuria, pereza), que si alguien piensa diferente a nosotros esa persona está mal (ira).

El ego siempre está en nuestra cabeza dando pensamientos pero nunca dice que nos conectemos a Dios, porque el ego deja de existir.

El ego basa sus miedos en el sentido de separación. Para el ego todos somos seres independientes separados unos de otros y en esta forma de ver el mundo el ego se encuentra en casa. A final de cuentas todos los egos están separados entre sí. Cada uno tiene ideas de lo el ego piensa que es. Esta es la razón principal por la que tenemos problemas con los demás y por la que nos enojamos: cada ego es independiente y diferente y cada uno piensa que el otro está equivocado.

Así es como el ego nos ha hecho creer que el mundo es un mundo lleno de millones de seres diferentes todos separados por el espacio que hay entre nosotros, todos independientes de los demás y aunque todos vivimos en el mismo mundo, estamos separados del mundo, creemos que somos independientes del mundo.

Y así es como lo vemos nosotros, vemos a todos separados, porque escuchamos al ego. Vemos a todos como seres separados de los demás, nos vemos y sentimos a nosotros mismos separados de los otros.

Así es como el ego nos ha enseñado a todos a ver el mundo ya que esto es lo que más le conviene al ego para no sentir que muere. Para el ego esto no es una mentira, cree que así es el mundo. El ego existe por lo que es, por lo que ha logrado, por lo que tiene, por lo que los demás piensen de él.

He aquí la verdad que el ego no puede ver:

TODOS SOMOS LO MISMO,
TODOS ESTAMOS UNIDOS A DIOS,
POR LO TANTO SOMOS UNO SOLO.

Somos uno solo pero con diferentes caminos, con diferentes roles en este mundo, con diferentes formas, pero al final en esencia somos todos lo mismo, como una hoja o un libro tapada con la palma de tu mano, para que solamente puedas ver los dedos, no la palma. Ves los dedos como independientes de los demás, pero si quitas la hoja ahora verás a los dedos como realmente son: unidos entre sí por la palma de la mano, ahora ves la mano como una sola, formada de varias partes pero unida.

Dios nos une a todos, pero nos vemos como independientes y separados de los demás. Pero si quitamos el velo nos veremos como somos: todos unidos en Dios.

El ego se cree el enemigo de Dios, pero esto no es cierto para Dios, Si estamos en el presente, el ego muere y el principio fundamental del ego es tratar de no morir; todas sus acciones serán con el fin último de no morir. Todos los pensamientos que tenemos, todos los egoísmos, avaricias, envidias, miedos, todos son pensamientos del ego para evitar su propia muerte.

Durante mucho tiempo me costó trabajo entender a Dios en su inmensa sabiduría nos había mandado a la tierra con el ego dentro de nosotros; El ego es la causa de nuestro sufrimiento, no del dolor, el dolor es algo que se siente físicamente, pero el sufrimiento se forma en la mente y luego se transmite al cuerpo a través del ego. ¿Por qué Dios querría que sufriéramos?

Reflexioné acerca de ello por mucho tiempo, pero no podía encontrar una respuesta satisfactoria. Cuando busqué en mi corazón y no en mi mente finalmente vino a mí:

"El ego nos sirve para aprender a qué venimos a este mundo y esto lo logra al interactuar con los egos de los demás."

Entonces comprendí que el ego era un maestro y no un enemigo. Dios no lo había creado: lo creamos nosotros mismos antes de venir a la tierra. Antes de venir a la tierra nosotros escogimos el ego que queríamos tener para poder aprender lo que necesitábamos aprender; el ego es el maestro y cuando el alumno aprenda lo necesario el ego desaparecerá.

Comprendí que necesitamos de los egos de los demás ya que aprendemos nuestra lección. Reconocí que los egos de los demás hacen más complicado el aprendizaje, pero son necesarios. ¡Sería imposible que nuestro ego se hubiera formado si no fuera por el de los demás!

Entendí que el Ego no es malo. Dejé de ver al ego como un ser poderoso y maligno, lo comencé a ver como un niño, un niño que vive lleno de miedo, un niño que está a punto de llorar; un niño que no sabe cómo liberarse de este miedo y que hace todo lo posible para dejar de sentirlo.

En los antiguos libros védicos se cuenta la leyenda de que la vida es un juego que Dios hizo cuyo fin es reconocerse a sí mismo. Entonces creó al ego para distraernos de nuestra verdadera naturaleza, para que se nos olvidara que somos Dios y así comenzó el juego de la vida, el cual tiene como fin último que Dios se reconozca a sí mismo; que somos Dios.

Si vivimos en el presente, si vivimos cada momento en Dios entonces nos habremos liberado del ego. Habremos liberado a este niño asustado de todos sus miedos, desde ese instante y para siempre, ese niño pequeño vivirá en el amor.

En el amor no existe el miedo, por lo que viviremos sin miedo en Dios. Si Dios es Amor y en el amor no existe el miedo, entonces no habrá lugar para el enojo. En otras palabras vivirás sin enojarte nunca más. Este es el fin del ego: cuando nos hacemos conscientes de Dios dentro de nosotros y nos reconocemos de nuevo en el juego de la vida, reconocemos que somos Dios.

Ahora nos reconocemos tal y como somos, nos reconocemos como parte de Dios. Nos reconocemos como seres de amor, libres del miedo y del ego. Ahora estaremos listos para lograr el propósito por el cual fue creado en primera instancia: Ayudarnos a hacernos conscientes de Dios.

Que así sea.